WALT DISNEY

bricole, cuisine et joue avec

RIRI, FIFI et LOULOU

NATHAN

Le pantin en rondelles

Riri chante à tue-tête sa chanson préférée...
et son pantin danse en remuant dans tous les sens !
Pour fabriquer un pantin en rondelles, il te faut :

du carton

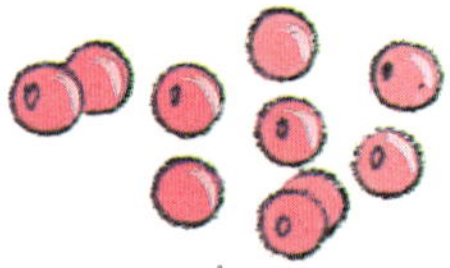
des petites perles

du fil solide

1 aiguille

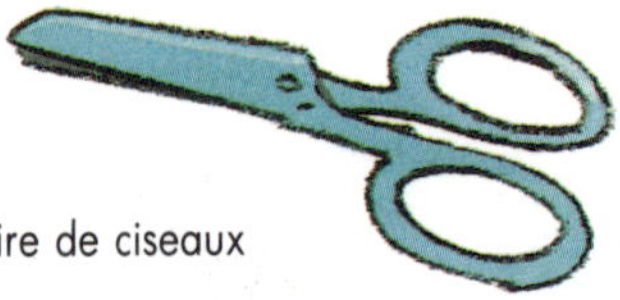
1 paire de ciseaux

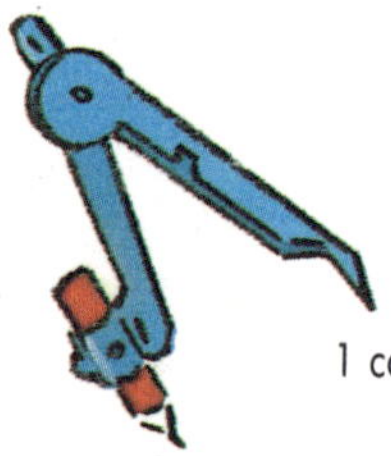
1 compas

Avec ton compas, trace sur le carton des cercles :
5 de 2,5 cm de diamètre, 6 de 2 cm de diamètre
et 24 de 1,5 cm de diamètre.

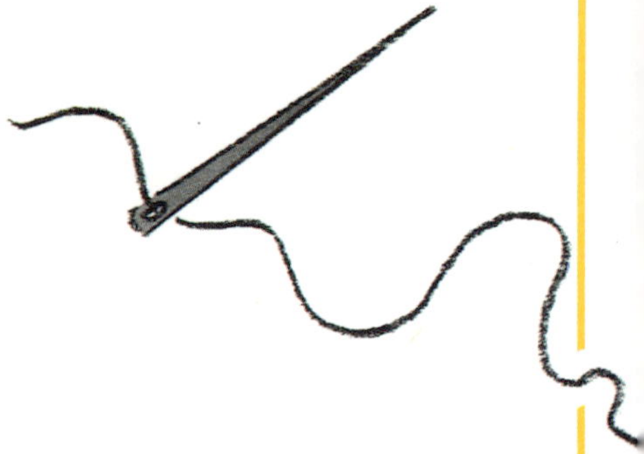

Enfile un long fil sur ton aiguille.

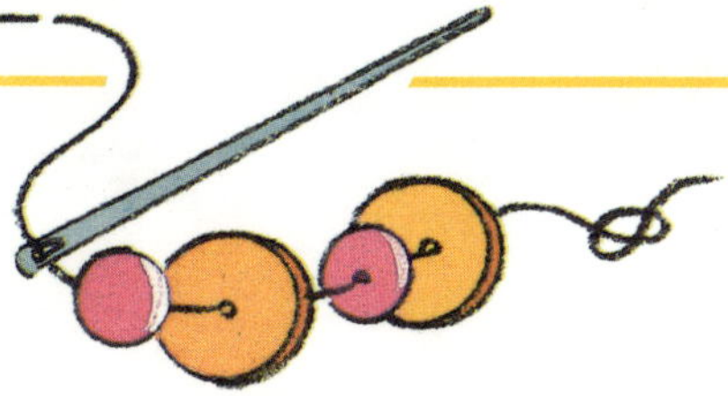

Fais un nœud au bout et enfile une perle,
une petite rondelle, une perle, etc.
Enfile ainsi 6 rondelles pour faire une jambe
et termine par une perle. Retire l'aiguille.

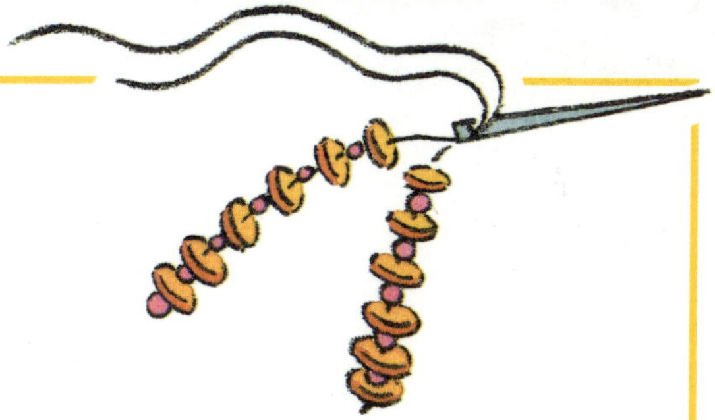

Fais une autre jambe de la même façon.
Enfile les 2 fils restant au bout
des 2 jambes ensemble dans l'aiguille.

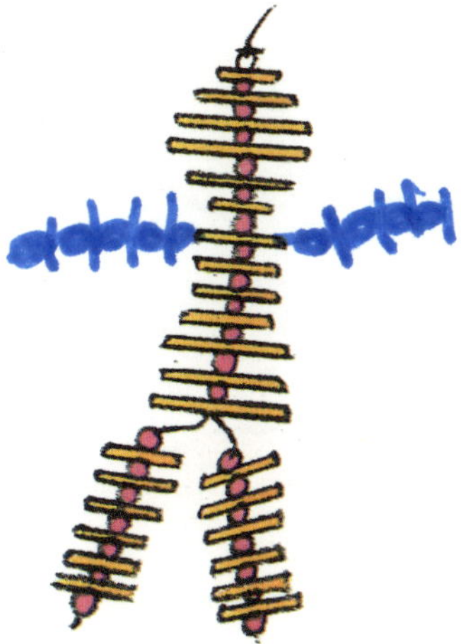

Fais ensuite le corps avec 3 grandes rondelles
et 4 moyennes en enfilant une perle
entre chaque rondelle. Sur le même fil,
fais la tête comme le montre le dessin
et termine par une perle et un nœud.

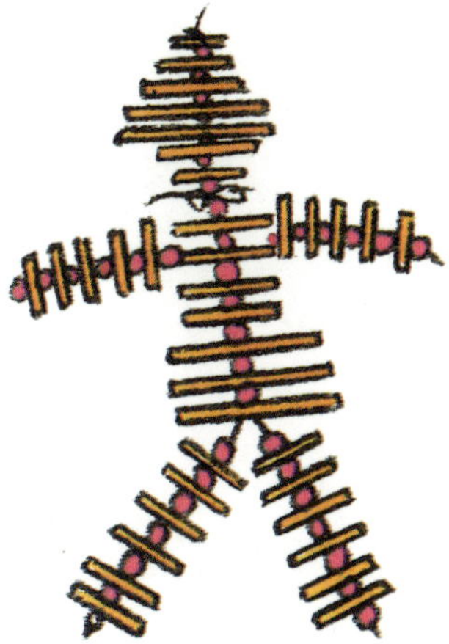

Prépare un autre fil sur l'aiguille et fais
un bras avec 5 petites rondelles. Enroule le fil
autour du fil du corps en le nouant,
puis fais un autre bras. Termine
par une perle et un dernier nœud.

Accroche un fil en haut
de la tête de ton pantin
pour pouvoir le suspendre
ou le faire danser.

La perruque de clown

Une cravate à pois et des bretelles violettes : Fifi est bientôt prêt.
Il ne lui manque plus qu'une perruque pour être un vrai clown !
Pour faire une belle perruque, il te faut :

1 vieille chaussette ou 1 vieux bas assez large pour rentrer sur ta tête

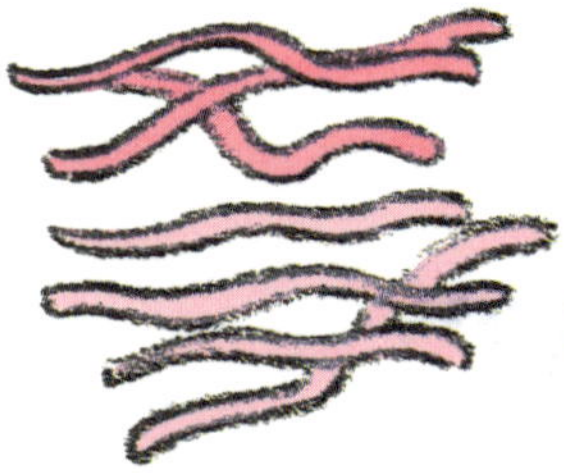

des brins de laine de couleur

1 grosse aiguille à laine

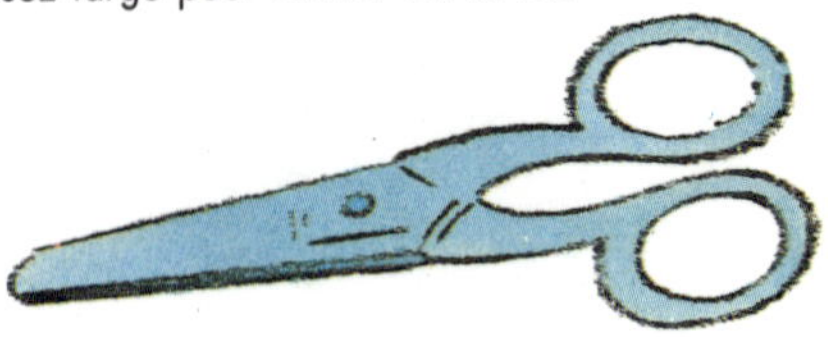

1 paire de ciseaux

1 petit ballon

Enfile la chaussette sur ta tête, serre-la au-dessus de ta tête, noue un fil à cet endroit et coupe le bout de chaussette qui dépasse.

Enfile ensuite ce bonnet sur le ballon. Tu pourras ainsi poser tes « cheveux » plus facilement.

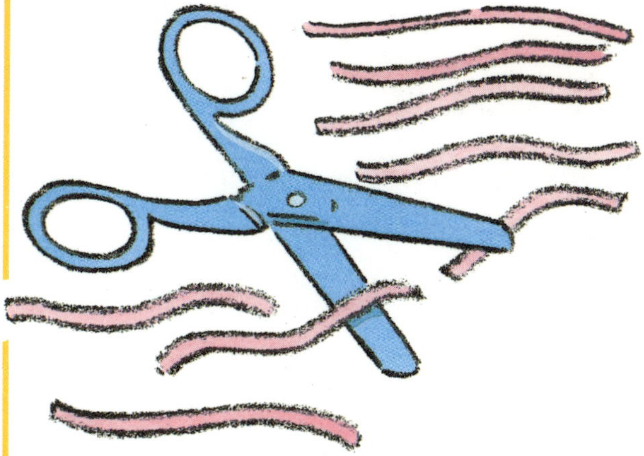

Coupe beaucoup de bouts de laine d'environ 30 cm de long.

Et maintenant, patience : tu vas enfiler un brin de laine sur l'aiguille, piquer l'aiguille dans le bonnet et la ressortir 1 cm plus loin.

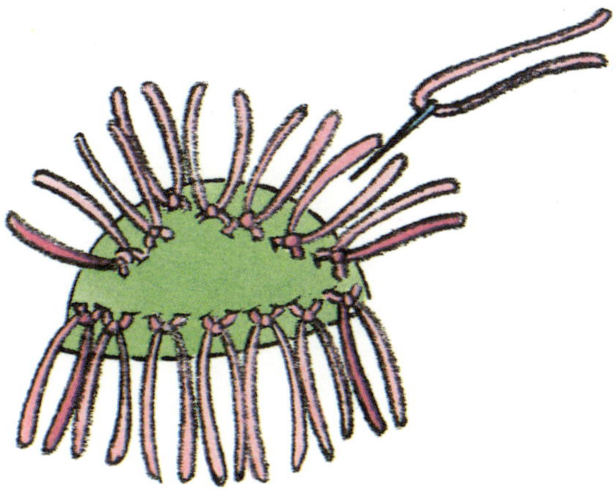

Laisse dépasser la même longueur de laine de chaque côté et noue les 2 brins ensemble au ras du bonnet. Plante ainsi les cheveux sur tout le bonnet en commençant par le bord.

Il ne te reste plus qu'à enfiler ta belle perruque !

Le moulinet à vent

Y a-t-il du vent aujourd'hui ? Pour le savoir, sors avec ton moulinet.
Si le vent est là, il le fera tourner !
Pour faire un moulinet à vent, il te faut :

du papier épais

1 bâton

1 épingle ou 1 clou fin

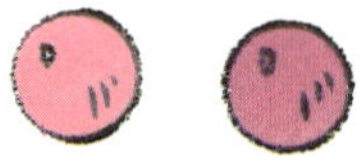

2 perles

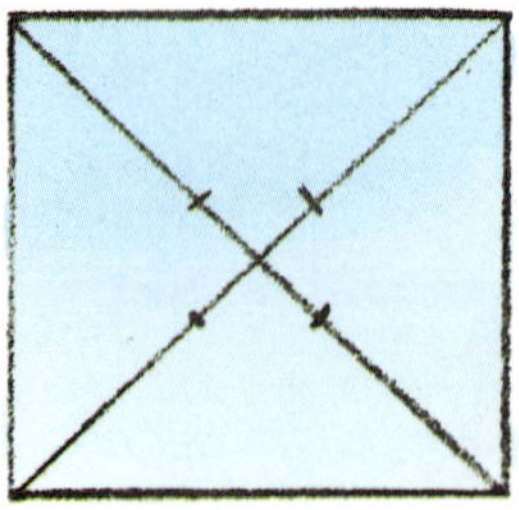

Dessine sur le papier
un carré de 25 cm de côté.
Trace les 2 diagonales
du carré.

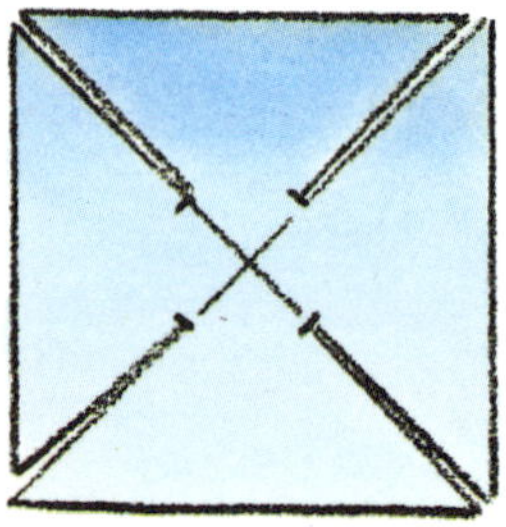

Marque sur chaque
diagonale un point à 10 cm
de chaque coin.
Coupe le papier sur les
diagonales, jusqu'au point.

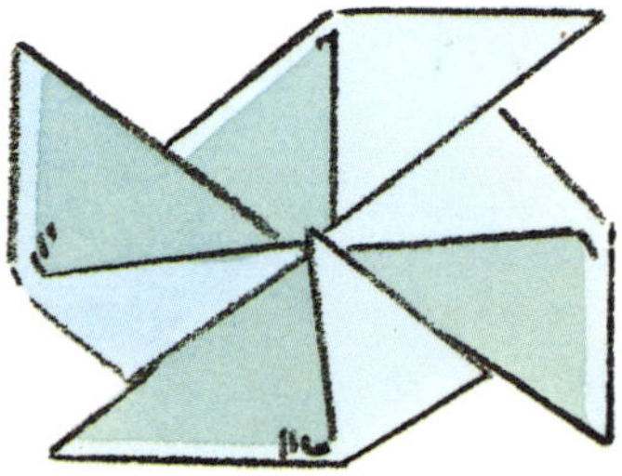

Ramène 4 pointes
vers le centre.

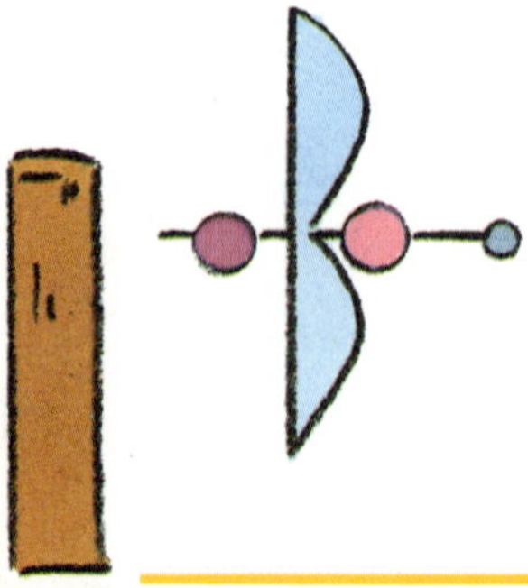

Enfile une perle sur l'épingle.

Superpose les pointes au centre
et transperce-les ensemble avec l'épingle.
Enfile l'autre perle sur la pointe
et enfonce-la en haut de ton bâton.

Les 7 familles fruits et légumes

Dans un jeu de 7 familles, chaque famille se compose de 6 personnes : la grand-mère, le grand-père, la mère, le père, la fille et le fils.

Dans ton jeu, tu vas avoir
les familles suivantes :
les Oranges,
les Poires, les Fraises,
les Tomates, les Poireaux,
les Pommes de terre
et les Radis.

Découpe-les dans des feuilles de papier épais. En haut de chaque carte, écris le nom de la famille, en-dessous le nom du personnage et au milieu dessine le personnage.

Une fleur pour l'hiver

Pendant tout l'hiver, Loulou suit de près l'évolution de sa plante : la fleur arrivera à Noël !
Pour avoir une belle jacinthe, fais comme Loulou :

Procure-toi un bulbe de jacinthe en septembre ou en octobre.

Place ce bulbe, les racines en bas, dans un récipient transparent assez étroit pour qu'il reste coincé à l'ouverture : pot de yaourt, verre de cuisine...

Verse de l'eau dans le fond du récipient. L'eau doit arriver juste au niveau du bas du bulbe.

Place ton bulbe dans un endroit frais et sombre pendant au moins un mois. Quand la petite pousse verte qui va en sortir mesurera 3 cm, place ta plante dans un endroit plus chaud et lumineux.

Pendant ce temps, surveille régulièrement le niveau de l'eau.

Des dents terrifiantes !

Brrr ! Riri fait trembler tout le monde de peur
depuis que ses deux nouvelles dents ont poussé !
Elles sont très, très longues, pointues et un peu rouges !

Mais Riri n'arrivera pas à garder
ces dents longtemps :
elles sont en carton !
Si tu veux effrayer tes amis,
découpe des dents de vampire dans un morceau
de carton, peins-les en blanc et ajoute
un peu de rouge sur les pointes.
Glisse ce carton sur tes vrais dents...

La toupie couvercle

Pour faire une toupie, il te faut :

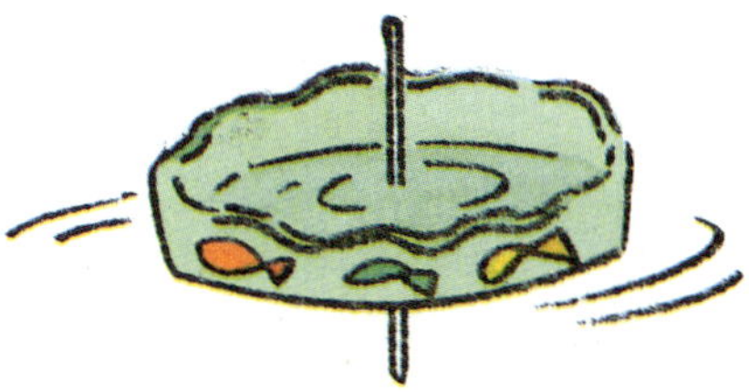

Attention : ce trou
doit être bien au milieu
du rond et pas plus gros
que le bâtonnet !

Commence par décorer le couvercle avec tes peintures.
Fais un petit trou au milieu du couvercle.

Glisse le bâtonnet dans ce trou
et lance ta toupie...

Le jeu de quilles vite fait

C'est au tour de Fifi. Il a droit, comme les autres, à 3 boules
et doit faire tomber les 6 quilles !
Difficile... Prépare ton jeu de quilles. Il te faut :

6 petites bouteilles d'eau minérale en plastique avec leurs bouchons

du sable ou des petits cailloux

3 boules de pétanque

Remplis à moitié les bouteilles de sable ou de cailloux et ferme-les bien. Au besoin, fais tenir les bouchons avec du ruban adhésif.

Place tes quilles les unes à côté des autres sur un terrain plat, 4 derrière et 2 devant...

et lance les boules dessus !

Le masque

Tu es invité à un goûter déguisé et masqué ?
Fabrique-toi un masque original !
Pour faire ce masque, il te faut :

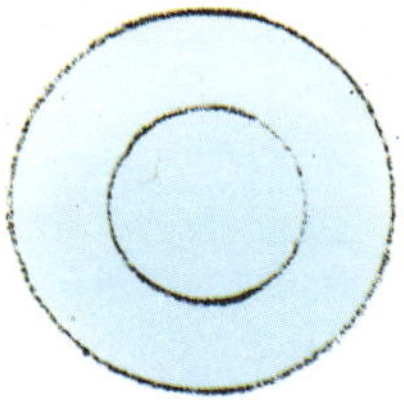

1 assiette en carton

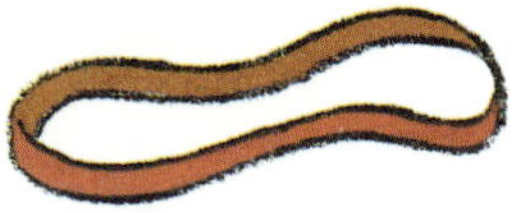

1 élastique

1 paire de ciseaux

du ruban adhésif

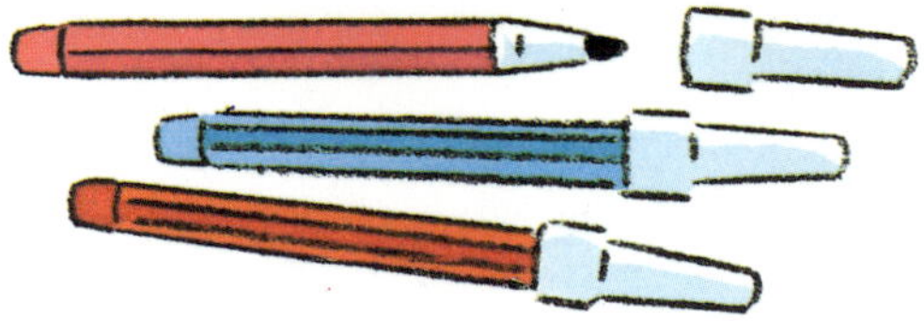

des feutres de couleur

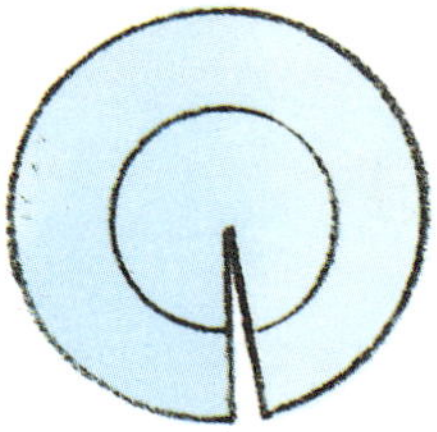

Trace sur ton assiette un trait allant du centre à la bordure, et coupe sur ce trait.

Croise les 2 côtés de cette entaille et colle-les avec des morceaux de ruban adhésif.

Fais un trou de chaque côté de l'assiette, passe l'élastique dedans et fais un nœud à chaque bout.
Essaye ton masque, repère l'emplacement de tes yeux.
Retire le masque et fais des trous pour les yeux.
Il ne te reste plus qu'à le décorer avec tes feutres.

Des poussins à croquer

Ces poussins-là, Riri, Fifi et Loulou ne les ont jamais vus dans une basse-cour.
Ils sortent tout droit de leur imagination gourmande !
Pour faire 3 poussins à croquer, il te faut :

ingrédients

3 œufs durs

de la mayonnaise

de la ciboulette

1 petit morceau de carotte

2 câpres

3 coquetiers

Retire la coquille et coupe le haut de chaque œuf.

Avec un couteau, retire le jaune des œufs sans abîmer le blanc. Mets les jaunes dans une assiette.

Ajoute aux jaunes 3 petites cuillères de mayonnaise et 3 pincées de ciboulette coupée en tout petits morceaux. Écrase et mélange le tout.

Remplis les blancs de ce hachis. Fais-le dépasser comme la tête d'un poussin.

Place ces œufs fourrés dans les coquetiers.
Pose les petits chapeaux blancs sur les poussins.
Fais un bec : coupe un petit morceau de carotte en pointe et pique-le dans le jaune de l'œuf.
Fais des yeux avec 2 câpres.

Le jus de fruit bicolore

Ton verre est rempli de jus d'orange.
Regarde au travers du verre ce qu'il se passe
si tu y verses du sirop de grenadine ou de fraise bien rouge !

Le rouge se dépose dans le fond, puis remonte un tout petit peu, juste assez pour faire un magnifique dégradé de couleur dans l'orange.

Amuse-toi ainsi avec d'autres couleurs : le vert de la menthe, le blanc de l'orgeat, etc.

S.O.S. canicule

C'est l'été, il fait chaud, très chaud !
Tu te sens mou... alors bois vite de l'eau !

Ton corps perd beaucoup d'eau à la chaleur, tu dois donc en boire plus que d'habitude : 2 fois plus ! Et ne pars pas en promenade, en voyage, à ton club de sport sans une gourde remplie d'eau accrochée à ta ceinture, elle te sera très utile !

Les pinces pense-bêtes

Fifi est distrait et ne se souvient jamais de rien !
Le pense-bête qu'il a fixé au-dessus de son bureau le lui rappelle tous les jours...
Si toi aussi tu es distrait, fabrique-toi ce pense-bête ! Il te faut :

1 planchette de bois d'au moins 25 cm de long

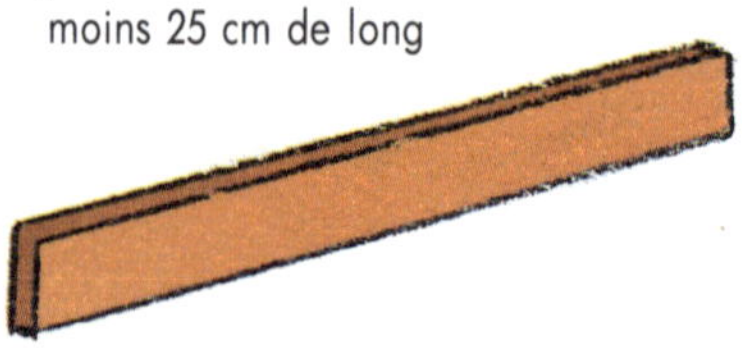

5 ou 6 pinces à linge de bois

de la colle à bois

2 clous

des feutres ou de la peinture

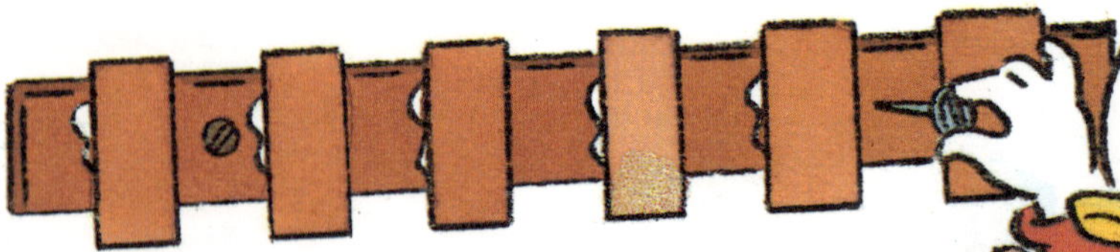

Colle les pinces sur la planchette et laisse sécher la colle.

Cloue la planchette sur ton mur.

Décore les pinces et la planchette.

Maintenant, n'oublie pas d'accrocher tes petits mots !

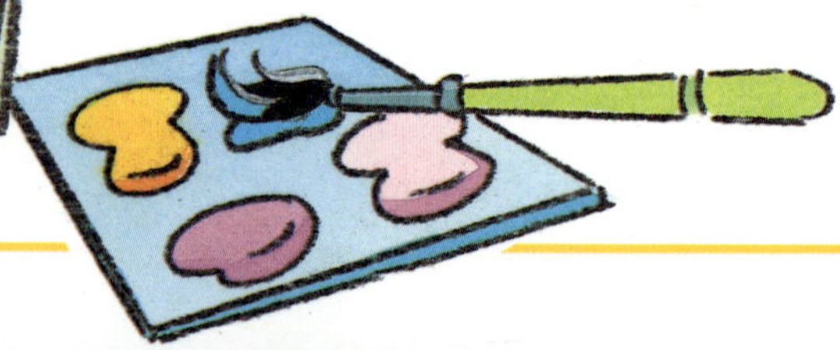

Ton cahier d'images

Toutes tes images sont empilées dans un coin,
elles s'abîment et tu n'en profites pas ?
Réunis-les dans un beau cahier que tu pourras feuilleter souvent !

Choisis un cahier avec une couverture dure,
décore-la avec des feutres

Trie tes images par catégories :
animaux, sports, stars...

Fixe-les sur les pages
avec des petits morceaux
de ruban adhésif de couleur
découpés en triangle.

Les anges blancs

Cette année, Loulou a décoré lui-même l'arbre de Noël : il a fabriqué des anges blancs et les a délicatement suspendus aux branches du sapin.

Pour faire un ange, il te faut :

1 petite assiette en carton blanc

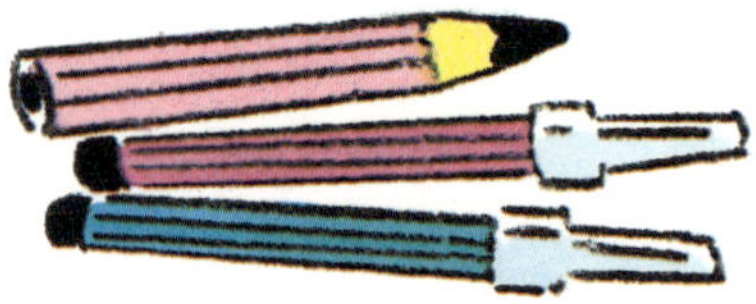

1 crayon et des feutres

1 paire de ciseaux

du ruban adhésif

1 compas

du fil

Trace un cercle au dos de l'assiette et dessine la tête de l'ange dedans.

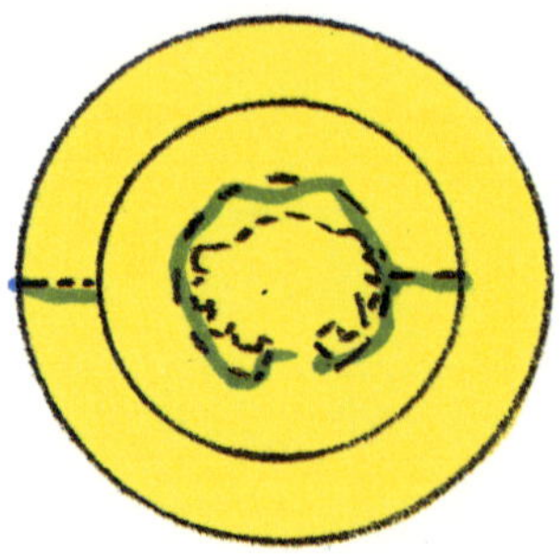

Découpe la tête de l'ange et ses ailes.

Voici le résultat.

Roule l'assiette en cornet.

Croise les ailes en glissant
les fentes l'une dans l'autre.

Si les ailes ne tiennent pas bien,
place du ruban adhésif
à l'intérieur de l'ange.

Avec un feutre noir fin,
dessine ses bras et son visage.

Décore ton ange avec
des feutres, de la peinture
ou des gommettes.
Pour accrocher ton ange
au sapin, fixe un fil
au dos de son visage
avec du ruban adhésif.

Les fruits secs à la pâte d'amande

Loulou a garni une assiette de fruits secs fourrés. Il l'a à peine posée devant ses amis qu'il n'y en a déjà plus !
Si tu veux t'offrir ces friandises, tu peux les faire avec :

des dattes

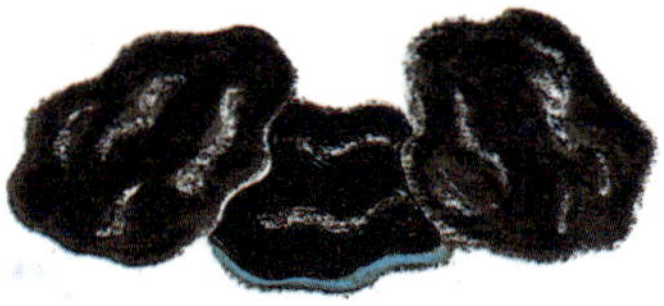

des pruneaux

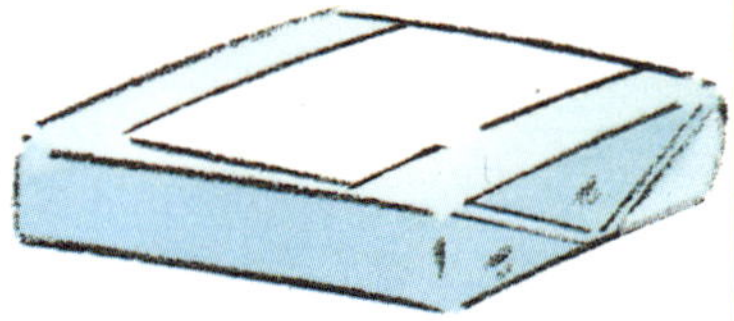

de la pâte d'amande, colorée si possible

des noix

Avec un petit couteau, ouvre les dattes et les pruneaux, puis retire les noyaux. Casse délicatement les noix, pour obtenir les 2 moitiés de l'amande sans les abîmer.

Modèle des petits boudins de pâte d'amande.

Glisse ces boudins à l'intérieur des dattes et des pruneaux. Pour les noix, plaque 2 moitiés d'amande de chaque côté d'un boudin.

Trace des petits dessins à la surface de la pâte d'amande. Laisse-la durcir avant d'offrir tes fruits.

Écriture d'agent secret

Si tu veux envoyer un message secret, sois très prudent :
utilise une encre invisible que seul ton correspondant saura faire apparaître...
et surtout ne révèle pas le secret de cette recette ! Il te faut :

du jus de citron pur
1 feuille de papier blanc

1 pinceau fin ou 1 porte-plume pour écrire

Écris ton message en trempant ton pinceau souvent dans le jus de citron.

Laisse bien sécher et envoie ton message.

Pour faire apparaître l'encre, il faut mettre la feuille dans un four légèrement chaud pendant 10 min... et l'encre va se colorer en marron !

Qui est qui ?

Lequel, du chameau ou du dromadaire, a deux bosses sur le dos ? Le sais-tu ?

Réponse : C'est le chameau qui a deux bosses sur le dos. Le dromadaire, lui, n'en a qu'une.

La cabane camouflage

Dans sa cabane, Riri est tranquille et ses trésors sont à l'abri.
Fifi et Loulou ne la trouveront jamais : elle est invisible !

Pour que ta cabane soit invisible, il faut que tu la construises dans un petit fossé ou au pied d'une pente, et qu'elle soit recouverte de branchages.
Emporte avec toi une bobine de ficelle et une paire de ciseaux.

Repère un petit fossé ou une pente, surtout pas près d'une route !
Nettoie bien le sol et aplatis-le.
Ramasse beaucoup de bouts de bois mort.

Pose-les les uns à côté des autres
sur le haut du fossé pour faire le toit.
Enfonce-les un peu dans le sol,
ils ne bougeront plus.

Plante d'autres bouts de bois
verticalement de chaque côté du toit
pour faire des murs. Laisse juste
une ouverture pour pouvoir passer.

Fixe les bouts de bois
du toit et des murs entre eux
avec de la ficelle.

Recouvre le toit et les murs de ta cabane
avec des branchages et des fougères.
Fixe-les avec ta ficelle.

Les boules à la noix de coco

Au cœur de l'hiver, Loulou rêve de soleil, de palmiers, de noix de coco...
Il a réalisé un peu de son rêve en cuisinant de délicieux bonbons à la noix de coco.
Pour faire des boules à la noix de coco, il te faut :

100 g de beurre

75 g de sucre glace

1 cuillère de chocolat en poudre

150 g de noix de coco râpée

le zeste d'1 citron et de petits moules en papier pour friandises

Dans un plat creux, écrase le beurre avec une fourchette.

Verse sur le beurre la noix de coco (gardes-en une poignée pour la suite).

Ajoute le chocolat et le zeste de citron (pour faire le zeste, râpe la peau d'un citron bien lavé).

Mélange bien le tout
avec une fourchette.

Forme avec tes mains propres
des boules grosses comme des noix.

Verse la poignée de noix de coco
que tu as gardée dans une assiette
et roule tes boules dedans.

Place chaque boule dans
un moule en papier.

Dispose tes bonbons sur une assiette
et mets-les dans le réfrigérateur
en attendant de les manger.

Le crayon à pointe ultra fine

Pas facile de dessiner le détail d'un visage ou d'une fleur avec un crayon noir ordinaire ! Il faudrait une mine ultra fine... Voici le moyen de te sortir de cette difficulté : fais tout simplement tourner la pointe de ton crayon sur le côté fin d'une lime à ongle.

Imprimé par l'imprimerie Campin à Tournai (Belgique)
N° éditeur – 10002300
Dépôt légal: Mars 1991
ISBN: 2-09-210412-8